westermann

Lesen

Erarbeitet von

Dominique Bielau
Elke Krutz
Insa Scheller
Sabine Wolff-Stamer

in Zusammenarbeit mit der
Westermann-Grundschulredaktion

Unter Beratung von

Heike Baligand
Angelika Föhl
Tanja Holtz
Nadine Pistor

Illustriert von

Karoline Kehr, Susanne Schulte

Flex und Flora E

Deutsch inklusiv

Inhaltsverzeichnis

Seite

Datum: ______________

1 Schau genau.
Kreuze zu jedem Bild den richtigen Satz an.

- ☐ Timo hat einen Deckel.
- ☐ Timo hat eine Decke.
- ☐ Timo hat einen Dackel.

- ☐ Linus und Mama fangen Fahrrad.
- ☐ Linus und Mama fahren Fahrrad.
- ☐ Linus und Mama fallen Fahrrad.

2 Lies genau und male.

Clown Beppo hat eine grüne Hose.
Sie sieht toll zu seinem gelben Hemd aus.
Das Hemd hat schwarze Knöpfe.
Die blauen Strümpfe
stecken in braunen Schuhen.
Beppo trägt blaue Handschuhe.
Seine Nase ist rot.
Der Hut ist gelb.
Beppo hat drei bunte Bälle in die Luft geworfen.

Sätze verstehend lesen
Passende Sätze zu Bildern finden
Ein Bild nach Textvorgabe vervollständigen

Datum: ____________________

1 Lies die Überschriften und die Sätze.
Was gehört zum Pferd? Was gehört zum Kaninchen? Verbinde.

Das Kaninchen | **Das Pferd**

- Viele Kinder haben ein Kaninchen.
- Auf einem Pferd kannst du reiten.
- Um reiten zu lernen, musst du viel üben.
- Kaninchen leben oft in einem Käfig.
- Es frisst Gras, Heu und Pferdefutter.

2 Lies die Textteile und ordne sie.
Schreibe die richtige Reihenfolge **A**, **B** und **C** in die Kreise.

○ Am Ende forme ich die Brötchen.
Nun kann ich sie backen.

○ Zuerst stelle ich alle Zutaten bereit:
Mehl, Hefe, Salz und Wasser.

○ Als Nächstes knete ich
mit der Küchenmaschine den Teig.

Datum: ____________

1 Lies das Gedicht und beantworte die Fragen.

Regentag

von Gesa Gade

Ich bin in meinem Zimmer
und schaue in den Tag.
Da draußen ist ein Wetter,
das ich so gerne mag.

Es trommelt, tropft und plätschert,
der Regen fällt aufs Haus.
Ich mach' es mir gemütlich,
heut' gehe ich nicht raus.

Wie heißt die Überschrift? ____________

Wie heißt die Autorin? ____________

Wie viele Strophen hat das Gedicht? ____________

In welcher Strophe steht das Wort Regen? ____________

Wie viele Verse hat das Gedicht? ____________

Was reimt sich auf **Tag**? ____________

Was reimt sich auf **Haus**? ____________

Datum: ______________

1 Schau dir das Bild an und lies den Text.

Bei der Feuerwehr

von Martin Nader

Die Feuerwehr erreicht man unter der Telefonnummer 112. Wenn es brennt, wenn ein Unfall passiert ist, bei Hochwasser oder auch in anderen Notfällen ist die Feuerwehr bereit zum Einsatz. Die Feuerwehrleute tragen einen feuerfesten Anzug, Sicherheitsstiefel, einen Helm und einen Gurt.

2 Lies und kreuze 2 richtige Sätze an.

- ☐ Die Feuerwehr kommt, wenn es brennt.
- ☐ Die Feuerwehr kommt bei einem Diebstahl.
- ☐ Die Feuerwehr kommt bei Hochwasser.

3 Lies und schreibe.

Welche Kleidung tragen Feuerwehrleute?

____

____

Einen Sachtext lesen
Passende Sätze zum Text ankreuzen
Eine Frage zum Text beantworten

Genau lesen und handeln

Datum: ____________________

In der Kugel
von Juliane Blech

Ich möchte auch mal in eine Schneekugel rein,
stell' es mir schön vor, da drinnen zu sein.
Von außen können mich alle sehen,
drinnen kann mir nicht viel geschehen.
Es schneit Sekunden nur für mich,
im Mittelpunkt da stünde ich. [gekürzt]

1 Lies das Gedicht.
Male dich wie Flora
in einer Schneekugel.

2 Suche dir ein Partnerkind.
Stellt euch vor, ihr würdet in einer Schneekugel sein.
Sprecht über diese Fragen:

a) Was bedeutet es, im Mittelpunkt zu stehen?
b) Warum könnte es schön sein, in einer Schneekugel zu sein?
c) Welche Nachteile könnte es haben, in einer Schneekugel zu sein.

____
Unterschrift Partnerkind

Ein Gedicht lesen
Vorstellungen zu einem Gedicht malend umsetzen
Den Inhalt eines Gedichtes auf die eigene Person beziehen

Handelnd Berufe erraten

Datum: ______________

1 Schneide die blauen Karten aus.

2 Lies die Sätze und die blauen Karten. Ordne.

Ich fahre in einem roten Wagen. Meine Arbeit ist oft gefährlich.	Ich trage eine weiße Mütze und arbeite oft mit großer Hitze.
Ich bringe täglich neue Nachrichten. Ich komme zu Fuß oder mit dem Fahrrad zu dir.	Ich komme zu deinem Haus und nehme das mit, was du nicht mehr brauchst.
Ich versorge dich, wenn du krank bist. Ich helfe dir, wieder gesund zu werden.	Bei mir musst du bezahlen, wenn du einkaufst.

Ich bin Müllwagenfahrer.

Ich bin Krankenpfleger.

Ich bin Feuerwehrfrau.

Ich bin Postbotin.

Ich bin Kassierer.

Ich bin Köchin.

3 Lies die Beschreibungen der Berufe einem Partnerkind vor. Lass dein Partnerkind den richtigen Beruf finden.

____
Unterschrift Partnerkind

Handelnd Scherzfragen beantworten

Datum: ____________

der Schneemann | die Sternbilder

die Fledermaus | das Schneckenhaus

der Löwenzahn | der Salatkopf

1 Lies die Fragen und die pinken Karten.
Ordne.

Welcher Kopf hat keine Augen?	Welcher Zahn beißt nicht?
Welche Maus kann fliegen?	Welcher Mann wird in der Sonne immer kleiner?
Welche Bilder kann man nur im Dunkeln sehen?	Welches Haus hat kein Dach?

2 Lies die Fragen einem Partnerkind vor.
Lass dein Partnerkind die richtige Antwort finden.

____
Unterschrift Partnerkind

Ideen zum Einsatz des Tablets, siehe Handreichung, Kap. 1.3

Scherzfragen lesen
Handlungsorientiert Scherzfragen und Antworten zusammenfügen

Informationen im Internet suchen

Datum: ____________

1 Suche im Internet die Seite www.fragFINN.de.

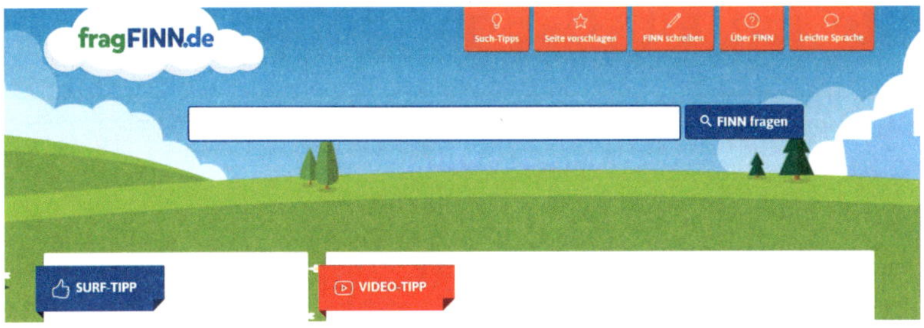

2 Schau dir den Video-Tipp auf der Startseite an.
Wovon handelt das Video? Schreibe.

____

____

3 Welchen Surf-Tipp findest du auf der Startseite?
Schreibe.

____

____

____

4 Suche dir ein Partnerkind.
Lest weitere Informationen auf der Startseite?
Welche interessieren euch? Sprecht darüber.

5 Worüber möchtet ihr etwas erfahren?
Schreibt das Thema in das Suchfeld auf der Startseite.
Findet Informationen
und sprecht darüber.

____
Unterschrift Partnerkind

Datum: ______________

1 Lies das Gedicht.

Manchmal könnte ich ein U-Boot gebrauchen

von Juliane Blech

Manchmal könnte ich ein U-Boot gebrauchen,
dann könnte ich untertauchen.
Und während alle umsonst nach mir riefen,
steuerte ich in dunkle Tiefen,
sähe ulkige Fische und anderes mehr,
wäre im U-Boot voll der Herr ...

Keiner würde mich dort vermuten,
weder die Bösen noch die Guten,
keine Geschwister, keine Mutter, kein Vater,
nicht einer, bis auf den Straßenkater,
denn diesen würde ich mit mir schleusen. [gekürzt]

2 Welches Tier würde das Kind mitnehmen?
Markiere oben im Gedicht.

3 Lies das Gedicht einem Partnerkind vor.
Warum möchte das Kind wohl in einem U-Boot sein?
Sprich mit deinem Partnerkind.

____

Unterschrift Partnerkind

Ein Gedicht lesen
Eine Information im Gedicht markieren
Ein Gedicht einem Partnerkind vorlesen und über den Inhalt sprechen

Datum: ______________

4 Wie könnte das U-Boot von innen aussehen? Male.

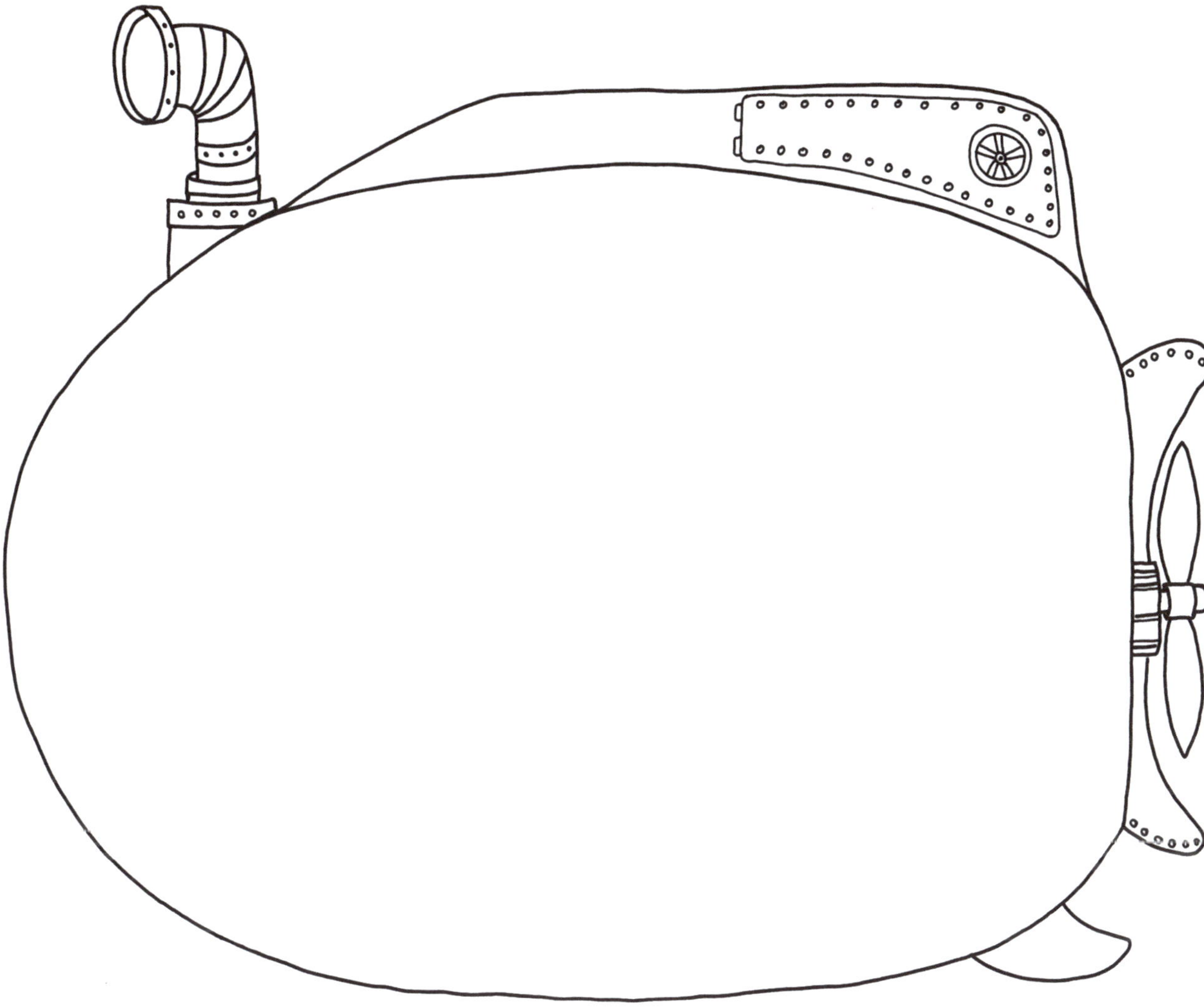

5 Möchtest du manchmal mit einem U-Boot verschwinden?
Stelle es dir genau vor. Schreibe deine Ideen auf.

____

____

____

____

____

Vorstellungen zu einem Gedicht malend umsetzen
Ein Gedicht in einen situativen Kontext stellen

Ideen zum Einsatz des Tablets, siehe Handreichung, Kap. 1.3

Lesen und ordnen

Datum: ____________________

1 Lies die Scherzfragen und die Antworten. Verbinde.

Welcher Vogel hat keine Flügel?	der Muskelkater
Welchen Tisch kann man essen?	der Spaßvogel
Welcher Kater miaut nicht?	den Nachtisch

2 Lies den Witz und ordne.
Schreibe die richtige Reihenfolge **A**, **B**, **C** und **D** in die Kreise.

( ) Er sagt zum Passagier: „Das ist gut für die Ohren."

(A) Ein Steward verteilt im Flugzeug Kaugummis.

( ) „Wie kriege ich das wieder aus den Ohren?"

( ) Nach dem Flug fragt der Passagier ärgerlich:

Ideen zum Einsatz des Tablets, siehe Handreichung, Kap. 1.3

Verstehend lesen und Scherzfragen Antworten zuordnen
Texteile ordnen und die richtige Reihenfolge notieren

Datum: ____________

1 Welche Textsorten lesen die Kinder gern?
Lies und verbinde.

Maodo

Ich lese gern Texte, die in Sprechblasen stehen und bei denen es viele Bilder gibt.

Helin

Ich mag Texte, bei denen sich die Wörter am Ende der Verse reimen. Diese Texte sind oft kurz.

Max

Ich mag Geschichten mit Hexen, Zauberern, Feen und sprechenden Tieren.

Julika

Ich informiere mich gern über Lebewesen und Dinge.

Gedicht

Comic

Sachtext

Märchen

2 Welches Kind von oben könnte welchen dieser Sätze sagen?
Schreibe den passenden Namen vor den Satz.

_______: „Am liebsten mag ich Schneewittchen.“

_______: „In einem Buch habe ich viel über Haie gelernt.“

_______: „Mein Bruder hat mir Micky Maus geschenkt.“

Aussagen einer Textsorte zuordnen
Personen Aussagen zuordnen

Datum: ____________

1 Lies die Fabel und ordne.
Schreibe **A**, **B**, **C** und **D** in die Kreise.

Der kranke Löwe und der Fuchs

von Jean de La Fontaine [verändert]

( ) Und alle Tiere kamen.
Nur der Fuchs folgte der Einladung nicht.

(A) Der Löwe ließ eines Tages
die Nachricht verbreiten, er sei krank.
Und er lud alle Tiere in seine Höhle ein
und versprach ihnen, keinem ein Leid anzutun.

( ) „Ich habe Fußspuren gesehen. Sie führten alle
zur Höhle des Löwen. Doch ich sah keine Spur,
die aus der Höhle herausführte.“

( ) Als der Fuchs gefragt wurde,
warum er nicht gegangen sei, antwortete er:

2 Lies einem Partnerkind die Fabel in der richtigen Reihenfolge vor.
Sprecht darüber, was ihr aus dieser Fabel lernen könnt.

____
Unterschrift Partnerkind

Handelnd eine Bildergeschichte ordnen 1

Datum: ______________

1 Schneide die Bildkarten aus.

2 Schau dir die Bildkarten genau an und lege sie in der richtigen Reihenfolge **A** bis **F** in die Felder.

Unser neues Baumhaus

A	B
C	D
E	F

3 Erzähle einem Partnerkind die Geschichte.

____
Unterschrift Partnerkind

Ole holte seinen Freund Pit und zeigte ihm sein Baumhaus.

Doch als sie oben ankamen, war schon eine Eule eingezogen!

Sie fingen an. Ole hämmerte und Mama sägte.

Endlich war das Baumhaus fertig. Ole und Mama waren sehr stolz.

Am Sonntag wollten Ole und Mama ein Baumhaus bauen.

Ole und Pit wollten sofort hochklettern und im Baumhaus spielen.

1 Lies die blauen Karten genau und lege die blauen Karten in der richtigen Reihenfolge **A** bis **F** in die Felder.

Unser neues Baumhaus

A	B
C	D
E	F

2 Lies einem Partnerkind die Geschichte vor. Dreht am Ende die blauen Karten um und überprüft die Reihenfolge.

____
Unterschrift Partnerkind

Handlungsorientiert eine Geschichte ordnen
Geschichte und Bildergeschichte vergleichen

Datum: ____________

1 Lies das Märchen und ordne.
Schreibe die richtige Reihenfolge **A, B, C** und **D** in die Kreise.

Der goldene Schlüssel

nach den Brüdern Grimm [gekürzt und verändert]

(A) Im tiefen Schnee musste ein armer Junge im Wald Holz holen. Als er aber fror, beschloss er, im Wald ein Feuer anzumachen.

( ) Der Junge suchte das Kästchen ab. Er fand aber nur ein kleines Schlüsselloch, viel zu klein für den Schlüssel. Er probierte es dennoch und der Schlüssel passte.

( ) Der Junge drehte den Schlüssel einmal herum. Und nun müssen wir etwas warten. Dann werden wir erfahren, was in dem Kästchen war.

( ) Um Platz für die Feuerstelle zu schaffen, scharrte der Junge den Schnee weg. Da fand er einen kleinen goldenen Schlüssel. Er grub in der Erde und fand ein eisernes Kästchen.

2 Was fand der Junge in dem Kästchen?
Schreibe deine Idee in dein Heft.

Fragen zu literarischen Texten beantworten

Datum: ____________

Urlaub
von Paul Maar

Ein Mensch, der in die Ferne reist,
tut dies per Bus und Bahn zumeist.
Wenn Flöhe in die Ferien fahren,
dann meistens zwischen Hundehaaren.

1 Suche dir ein Partnerkind.

a) Lies deinem Partnerkind nur die Überschrift des Gedichts vor.

b) Wart ihr schon einmal im Urlaub?
Erzählt euch davon.

c) Lest euch gegenseitig das Gedicht vor.
Sprecht darüber.

____
Unterschrift Partnerkind

Wenn du ein **Gedicht** oder eine **Geschichte** liest,
schau dir immer die Überschrift und die Bilder an.
Überlege, was im Text stehen könnte.
Stelle dir beim Lesen genau vor, was im Text passiert.

2 Lies. Kreuze 2 richtige Sätze zum Gedicht oben an.

- ☐ In den Haaren von Hunden leben manchmal Flöhe.
- ☐ Flöhe verreisen immer nur mit dem Bus.
- ☐ Menschen verreisen oft mit Bus und Bahn.

Ideen zum Einsatz des Tablets, siehe Handreichung, Kap. 1.3

Erklärvideo *Texte besser verstehen*, siehe Handreichung, Kap. 1.1.4

Die Lesestrategie *Vorwissen aktivieren* anwenden
Ein Gedicht vorlesen
Passende Sätze zum Gedicht ankreuzen

 Datum: ________________

1 Lies das Gedicht.

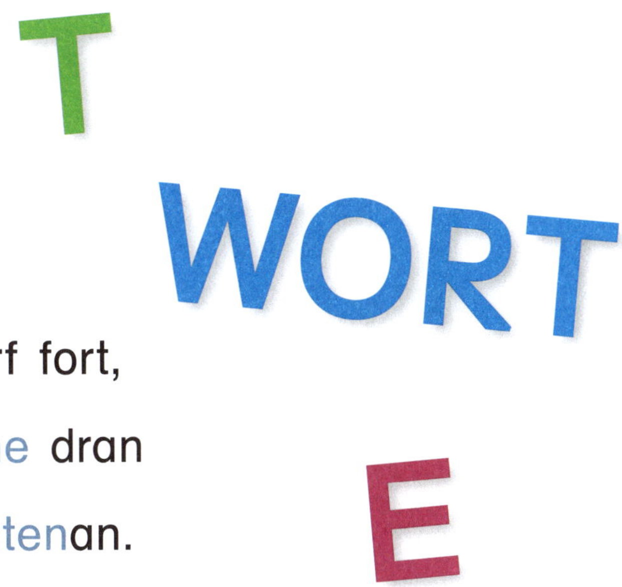

Nimm das Wort

von Josef Guggenmos

Nimm das Wort, das W wirf fort,
dann nimm ein T, tu's vorne dran
und nimm ein E, stell's hintenan.
Jetzt hast du was zum Feste
für dich und deine Gäste.

2 Welches neue Wort entsteht?

a) Verändere das Wort so, wie es im Gedicht oben steht.
Schreibe.

___ ~~W~~ O R T ___

b) Schreibe das neue Wort. ________________________

3 Wie heißt der Autor des Gedichts? Schreibe.

____

4 Lies und schreibe.

Strophe	Reim	Verse

Das Gedicht **„Nimm das Wort“** hat eine ______________

und 5 __________. **Wort** und **fort** bilden einen __________.

Datum: ____________

1 Lies den Comic.

Popeye

von Hy Eisman

2 Schau dir die Bilder **1** und **2** an. Was macht Popy? Kreuze an.

☐ Popy sieht fern. ☐ Popy schläft.

3 Schau dir die Bilder **3** und **4** an.
Was denkt Popeye über das Fernsehen? Kreuze an.

☐ Fernsehen ist gesund.

☐ Fernsehen ist ein sinnloser Zeitvertreib.

4 Schau dir die Bilder **5** und **6** an. Popeye sagt zu Popy, dass Fernsehen ein sinnloser Zeitvertreib ist. Was soll Popy tun? Kreuze an.

☐ Er soll Trompete üben und ein berühmter Musiker werden.

☐ Er soll Fußball spielen und Profi werden.

☐ Er soll sich mit Schiffen beschäftigen.

5 Schau dir das Bild **7** an. Was bedeuten diese Notenzeichen?
Schreibe deine Vermutung auf.

____

6 Sprich mit einem Partnerkind über diese Fragen:

a) Was passiert in den Bildern **1** bis **7**?
b) Was passiert in Bild **8**?
c) Warum sieht Popy wieder fern?

____
Unterschrift Partnerkind

Informationen aus Illustration und Text entnehmen
Teile der Handlung eines Comics mit eigenen Worten erzählen
Gründe für die Wendung einer Handlung mit einem Partnerkind besprechen

Ideen zum Einsatz des Tablets, siehe Handreichung, Kap. 1.3

Li3

Schwierige Wörter klären

Datum: ______________

1 Was kannst du tun, wenn du nicht weißt, was Wörter bedeuten? Sprich mit einem Partnerkind.

____
Unterschrift Partnerkind

2 Lies den Text.
Markiere Wörter, die du nicht verstehst.

Haie

von Mary Pope Osborne

Haie sind keine Säugetiere, sondern Fische. Sic gehören zu den Knorpelfischen. Haie besitzen nämlich kein Skelett aus Knochen. Sie haben stattdessen ein Skelett aus Knorpel.

Haie haben eine Menge Zähne. Viele haben sogar fünf Zahnreihen. Sie verlieren ihre Zähne andauernd! Fällt ein Zahn aus, rückt ein anderer nach vorne.

Erklärvideo *Texte besser verstehen*, siehe Handreichung, Kap. 1.1.4

Sich schwierige Wörter in einem Text bewusst machen
Individuell schwierige Wörter erkennen und markieren

Haie haben keine Lungen. Stattdessen besitzen sie fünf bis sechs Kiemenpaare, die sich beiderseits am Kopf befinden. [gekürzt]

3 Schau dir das Bild unten und das **Kleine Lexikon** genau an.

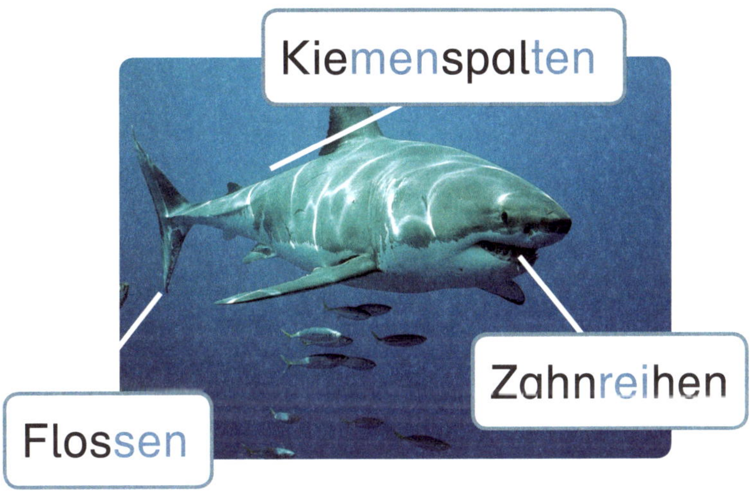

4 Was bedeuten deine markierten Wörter? Finde es mit dem Bild und dem **Kleinen Lexikon** heraus oder frage jemanden.

5 Lies den Text noch einmal und überprüfe, ob du nun alles verstehst. Erkläre einem Partnerkind, was du gelernt hast.

____
Unterschrift Partnerkind

Kleines Lexikon zum Text *Haie*

Kiemen
Kiemen sind kleine Öffnungen, mit denen Fische Sauerstoff aus dem Wasser filtern.

Knorpelfische
Bei Knorpelfischen ist das Skelett nicht aus Knochen, wie bei anderen Fischen. Es ist aus Knorpel.

Säugetiere
Säugetiere sind eine Klasse von Tieren. Sie bringen ihre Kinder lebend zur Welt.

Skelett
Das Skelett hält den Körper zusammen. Bei Menschen ist es im Innern des Körpers und besteht aus Knochen.

Schwierige Wörter in einem Gedicht klären

Datum: ____________

1 Schau dir das Bild an und lies das Gedicht.

Der Wanderer

von Furkan Almir

Ein junger Bursche wollte mal
allein nach Augsburg wandern.
Er schnürte sich die Wanderschuh',
erst einen, dann den andern.

Nach halber Strecke rief er laut:
„Das wird mir hier zu dumm!
Mir tun ja schon die Haxen weh,
da kehr ich lieber um."

2 Was bedeuten die markierten Wörter von oben?
Suche sie in einem Wörterbuch oder frage jemanden.
Kreuze an.

Bursche: ☐ junger Mann ☐ junger Bär

Augsburg: ☐ Burg ☐ Stadt ☐ Frau

Haxen: ☐ Strümpfe ☐ Beine ☐ Hände

3 Lies das Gedicht einem Partnerkind vor.
Besprecht, ob ihr alles verstanden habt.

____
Unterschrift Partnerkind

Ein Gedicht lesen
Eine Illustration zum Textverständnis nutzen
Schwierige Wörter durch Nachschlagen oder Nachfragen klären

Datum: ____________

1 Schneide die grünen Karten aus.
Lass dir von deiner Lehrkraft helfen,
sie zu einem Buch zu heften.

2 Lies den Text.
Markiere Wörter, die du nicht verstehst.

Hunde früher und heute

Schon vor vielen tausend Jahren haben Menschen junge Wölfe an sich gewöhnt. Im Laufe der Zeit haben sich die Tiere verändert. Es gibt nun unter den Hunden 350 Rassen.

Wölfe leben im Rudel. Hunde dagegen werden von den Menschen wie ein Familienmitglied zu Hause gehalten. Es gibt aber auch Arbeitshunde, zum Beispiel Blindenhunde, Lawinenhunde oder Polizeihunde.

3 Schlage in deinem **Hundelexikon**
die Wörter nach, die du nicht verstehst.

Mein kleines Hundelexikon

____

Name

1

Lauf

Der Lauf ist das Bein des Hundes.

Lefze

Die Lefze ist die Oberlippe des Hundes.

3

Rudel

Das Rudel ist eine Gruppe von Tieren.

Rute

Die Rute ist der Schwanz des Hundes.

5

 Datum: ______

Arbeitshund

Der Arbeitshund hat eine Ausbildung.

Fang

Der Fang ist die Schnauze des Hundes.

2

Pfote

Die Pfote ist der Fuß des Hundes.

Rasse

Die Rasse ist eine Hundeart.

4

Welpe

Der Welpe ist ein Hundebaby.

6

1 Lies den Text. Markiere Wörter, die du nicht verstehst.

Die Sprache des Hundes

Hunde sprechen nicht so wie wir. Trotzdem können sie uns viel mitteilen. Wenn der Hund mit der Rute wedelt, ist er freundlich. Klemmt die Rute aber zwischen den Läufen, hat der Hund Angst.

Auch über seinen Fang kann der Hund uns zeigen, wie er sich fühlt. Zieht der Hund die Lefzen weit hoch und zeigt die Zähne, ist das eine bedrohliche Haltung. Zieht er die Lefzen nach hinten, als würde er grinsen, ist er dagegen freundlich.

2 Schlage in deinem **Hundelexikon** die Wörter nach, die du nicht verstehst.

Schwierige Wörter in einem Märchen klären

Datum: ____________

1 Lies das Märchen.
Markiere Wörter, die du nicht verstehst.

Sterntaler

nach den Brüdern Grimm

Es war einmal ein kleines Mädchen, das war so arm, dass es nur noch ein kleines Stückchen Brot besaß und die Kleider, die es am Leibe trug. Eines Tages begegnete dem Mädchen ein armer Mann, der sprach: „Ach, ich bin so hungrig.“ Da gab das Mädchen ihm das Brot und ging weiter. Danach kam ein Kind, das sprach: „Mir ist so kalt.“ Das Mädchen zog sein Leibchen aus und gab es ihm. Und als es noch eine Weile gegangen war, kam wieder ein Kind, das fror, und da gab es ihm sein Röcklein. Nun war dem Mädchen nur das Hemdlein geblieben. Da fielen auf einmal die Sterne vom Himmel. Und es waren lauter glänzende Taler. Die sammelte das Mädchen in sein Hemdlein und war reich für sein Lebtag. [verändert]

2 Was bedeuten die markierten Wörter?
Suche sie in einem Wörterbuch oder frage jemanden.

Informationen in Sachtexten finden

Datum: ____________

1 Lies den Text.
Markiere, warum wir uns nicht selber kitzeln können.

Kann man sich selber kitzeln?

von Sina Blitz

Unser Gehirn denkt beim Kitzeln: „Gefahr!" Denn wenn uns etwas auf der Haut kitzelt, könnte das ja auch eine giftige Schlange sein. Können wir uns selber kitzeln? Nein! Unser Gehirn weiß, dass das nicht gefährlich ist. Deshalb müssen wir nicht lachen, wenn wir uns selber kitzeln.

2 Erkläre einem Partnerkind, warum du dich nicht selber kitzeln kannst.

____
Unterschrift Partnerkind

Ideen zum Einsatz des Tablets, siehe Handreichung, Kap. 1.3

Erklärvideo *Texte besser verstehen*, siehe Handreichung, Kap. 1.1.4

Einen Sachtext lesen und eine Antwort im Text markieren
Informationen aus einem Text mündlich wiedergeben

Fragen zu einem Internettext beantworten

Datum: ____________

1 Lies den Text aus dem Internet.

www.xyz-wissenfuerkinder.de

Wissen für Kinder XYZ

WISSEN | EXPERIMENTE | SPIELE | RÄTSEL

Stuntman

Stuntman ist ein englisches Wort. Ein Stuntman ist jemand, der ein gefährliches Kunststück ausführt. Natürlich kann ein Stuntman auch eine Frau sein.

In Filmen springen sie von Häusern, aus brennenden Autos oder sie rasen mit dem Motorrad über hohe Rampen. Das alles sind sehr gefährliche Szenen und man braucht viel Übung. Bei Filmszenen, in denen die Kleidung eines Stuntman brennt, trägt dieser einen feuerfesten Anzug.

2 Welche gefährlichen Szenen spielt ein Stuntman?
Markiere oben im Text.

3 Kreuze die richtigen Sätze an. Es sind 2.

Ein Stuntman ...

☐ ... kann auch eine Frau sein.

☐ ... ist ein Autor.

☐ ... spielt gefährliche Szenen im Film.

Fragen zu einem Sachbuchtext beantworten

Datum: ____________

1 Suche dir ein Partnerkind.
Schaut euch die Bilder an und lest die Überschrift.
Überlegt gemeinsam, was ihr über das Thema Papier wisst.

____
Unterschrift Partnerkind

2 Lies den Text.

Papier

von Claudia Bore

Woher kommt Papier?

Das Papier wurde vor 2000 Jahren in China erfunden. Die Menschen stellten einen Brei aus Baumrinde, Pflanzen, Stoffresten und Wasser her. Daraus schöpften sie eine dünne Schicht, die trocknete. Heute wird Papier fast immer aus Holz hergestellt. Dafür müssen viele Bäume gefällt werden.

Warum sammeln wir gebrauchtes Papier?

Wir brauchen Papier zum Schreiben, als Toilettenpapier und für vieles mehr. Wir brauchen viel Papier. Deshalb sind die Wälder bedroht. Darum sammeln wir altes Papier. In Fabriken wird daraus neues Papier hergestellt. Das nennt man Recycling.

Erklärvideo *Texte besser verstehen*, siehe Handreichung, Kap. 1.1.4

Die Lesestrategie *Vorwissen aktivieren* anwenden
Einen Sachtext lesen

3 Lies die Zeilen **1** bis **6**.
Wie stellten die Menschen früher Papier her? Kreuze an.

☐ Früher pflückten die Menschen das Papier von den Bäumen und trockneten es.

☐ Früher stellten die Menschen Papier aus Baumrinde, Pflanzen, Stoffresten und Wasser her.

4 Lies die Zeilen **7** und **8**. Woraus wird Papier heute hergestellt?
Kreuze an.

☐ Heute wird Papier fast immer aus Stoffresten hergestellt.

☐ Heute wird Papier fast immer aus Holz hergestellt.

☐ Heute wird Papier nur aus altem Papier hergestellt.

5 Suche im Text das Wort **Recycling**. Markiere.
Schreibe die Zeile.

Das Wort **Recycling** steht in Zeile ______.

6 Lies die Zeilen **13** bis **15**. Was bedeutet **Recycling**?
Kreuze an.

☐ Wenn aus gebrauchtem Papier neues Papier hergestellt wird, nennt man das Recycling.

☐ Recycling ist, wenn aus einem alten Baum Papier hergestellt wird.

Tabellen …

Datum: ____________

	Montag	Dienstag	Mittwoch	Donnerstag	Freitag
Wolken					
Wind					
Regen		–	–	–	
Temperatur um 10 Uhr	11 °C	15 °C	14 °C	13 °C	9 °C

 wolkenlos	 teils sonnig, teils wolkig	 bedeckt	 windstill	 leichter Wind	 starker Wind	– kein Regen	 Regen

Die Kinder der Klasse 4 haben das Wetter beobachtet und die Tabelle ausgefüllt.

1 Schau dir die Tabelle und die Symbole mit den Erklärungen an.

2 Lies.
Kreuze zwei richtige Sätze an.

- ☐ An zwei Tagen war es windstill.
- ☐ Am Montag betrug die Temperatur 11 °C.
- ☐ Die Sonne schien die ganze Woche.
- ☐ Am Mittwoch gab es keine Wolken.
- ☐ Am Freitag war es bedeckt mit starkem Wind und viel Regen.

Erklärvideo *Eine Tabelle lesen*, siehe Handreichung, Kap. 1.1.4

Eine Tabelle mit einer Wetterdokumentation lesen
Informationen aus einer Wetterdokumentation entnehmen
Passende Sätze zur Tabelle ankreuzen

Datum: ____________

3 Suche dir ein Partnerkind. Schaut euch die Grafik an. Welche Informationen findet ihr in der Wetterkarte?

____

Unterschrift Partnerkind

4 Schau dir die Wetterkarte an. Lies die Fragen. Schreibe.

Was bedeutet dieses Symbol  ? ______________________

In welcher Stadt gibt es Regen? ______________________

In welcher Stadt wird es nachts 7 °C? ______________________

In welchen Städten ist es sonnig? ______________________

____

Fragen zu einem Diagramm beantworten

Datum: ____________

1 Lies das Diagramm.

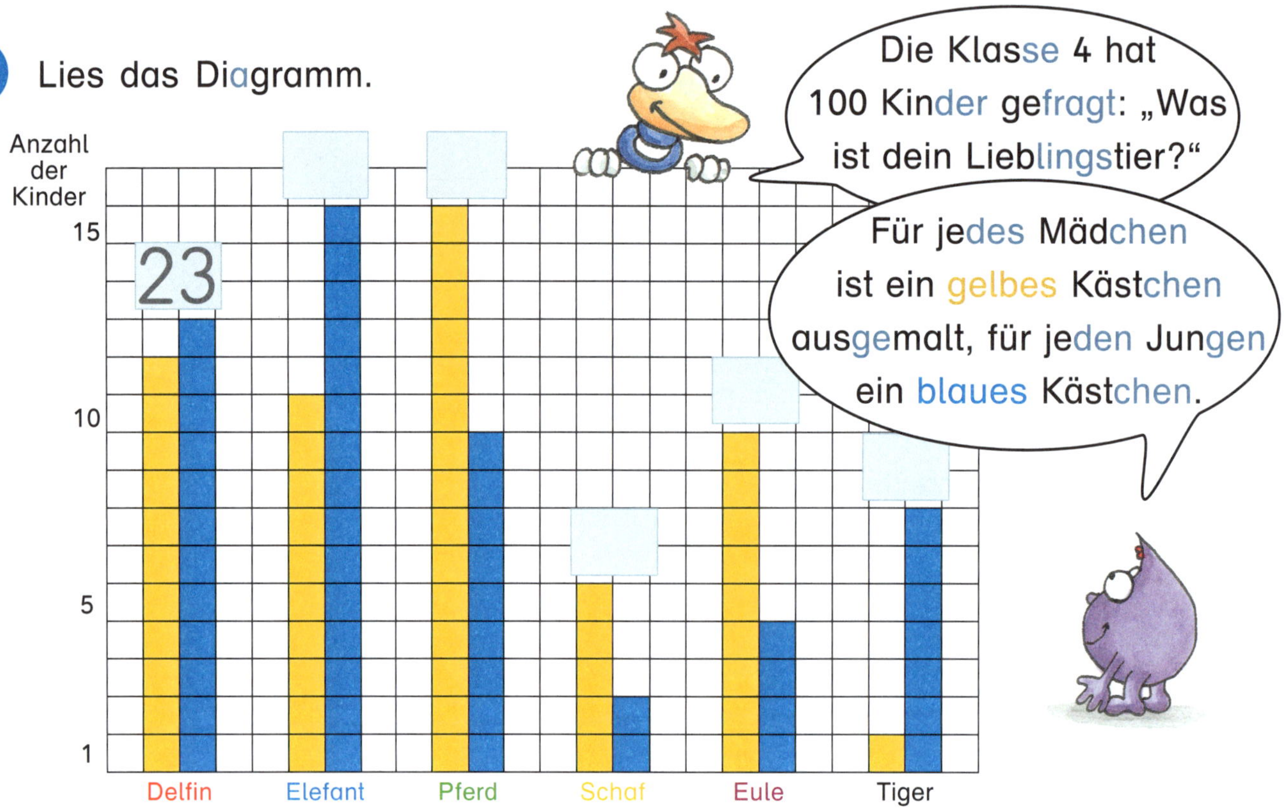

2 Zähle für jedes Tier die Anzahl der Mädchen und Jungen zusammen. Schreibe die Anzahl oben in das Feld über den Balken.

3 Lies die Fragen. Schau in das Diagramm.
Kreuze an.

Zu welchem Thema wurde die Umfrage gemacht?

☐ Lieblingsfarbe ☐ Lieblingstier ☐ Liebe

Welches Tier hat die meisten Stimmen bekommen?

☐ Eule ☐ Delfin ☐ Elefant

Für welches Tier hat nur ein Mädchen gestimmt?

☐ Tiger ☐ Schaf ☐ Pferd

4 Lies die Fragen. Schau in das Diagramm. Schreibe.

Welches Tier mögen die Mädchen am liebsten? ______

Wie viele Jungen haben für die Eule gestimmt? ______

Wie viele Kinder haben für den Tiger gestimmt? ______

Welche beiden Tiere haben insgesamt die wenigsten Stimmen bekommen? ______

______

5 Erkläre einem Partnerkind, welche Informationen du in dem Diagramm finden kannst.

______
Unterschrift Partnerkind

6 Was überrascht dich am Ergebnis der Umfrage? Schreibe.

Mich überrascht, dass ______

______

7 Denkt euch eine Frage aus. Schreibt sie auf.
Macht eine Umfrage in eurer Klasse. Notiert die Ergebnisse.
Lest die Ergebnisse eurer Klasse vor.

Unsere Frage lautet: ______

______?

______
Unterschrift Partnerkind

Literarische Figuren kennenlernen

Datum: ____________

1 Suche dir ein Partnerkind.
Welche Gespenstergeschichten kennt ihr?
Schreibt auf.

____

____

____

2 Lest das Interview mit dem kleinen Gespenst.

Wie heißt du?

Ich heiße **Kleines Gespenst**.

Wer hat deine Geschichte geschrieben?

Otfried Preußler hat sie im Jahr 1966 geschrieben.

Wie alt bist du?

Keine Ahnung!

Vorwissen zu Gespenstergeschichten aktivieren
Ein fiktives Interview mit einer literarischen Figur lesen

Wo wohnst du?

Ich wohne auf Burg Eulenstein bei Eulenstadt.

Wie wurdest du zu einem Gespenst?

Ich war schon immer ein Gespenst.

Was machst du so?

Tagsüber schlafe ich in der Truhe auf dem Dachboden. Um Mitternacht erwache ich und spuke. Aber ich werde in meiner Geschichte ja zu einem Taggespenst. Dann erwache ich um 12 Uhr mittags und spuke.

Was ist das Besondere an dir?

Ich habe immer einen Schlüsselbund mit 13 Schlüsseln bei mir. Und ich bin unverwundbar. Ich habe kein Gewicht. Nur das Gewicht meiner Schlüssel hindert den Wind daran, mich wegzuwehen.

Hast du Freunde?

Der Uhu Schuhu und drei Kinder sind meine Freunde.

3 Würdet ihr das Buch **Das kleine Gespenst** lesen? Sprecht darüber. Begründet eure Meinung.

____

Unterschrift Partnerkind

Kinderbuchfiguren kennenlernen

Datum: ______________

1 Lies die Texte und schau dir die Bilder an.

Das Sams ist ein besonderes Wesen. Wenn man sich etwas vom Sams wünscht, dann geht es in Erfüllung. Das Sams hat nämlich Wunschpunkte. [gekürzt]

Momo lebt ganz allein in einem alten Theater. Sie hat viele gute Freunde, zum Beispiel Beppo, den Straßenkehrer.
Eines Tages tauchen die Grauen Herren auf. Sie stehlen den Menschen ihre Zeit.

Die Kinder Julian, Dick, Anne, George und der Hund Timmy sind die „Fünf Freunde".
Sie verbringen ihre Ferien immer zusammen. Gemeinsam erleben sie viele Abenteuer. [gekürzt]

2 Verbinde oben die passenden Texte und Bilder.

Textabschnitte lesen
Textabschnitte den passenden Kinderbuchfiguren zuordnen

Datum: ______________

3 Lies die Tabelle und kreuze an.

Diese Figuren kenne ich ...	Das Sams	Momo	Fünf Freunde
... vom Selberlesen.	☐	☐	☐
... vom Vorlesen.	☐	☐	☐
... von einem Hörbuch.	☐	☐	☐
... vom Film oder aus dem Fernsehen.	☐	☐	☐
... gar nicht.	☐	☐	☐

4 Sprich mit einem Partnerkind.

a) Was gefällt dir, wenn du ein Buch liest?

b) Was gefällt dir, wenn du ein Hörbuch hörst?

c) Was gefällt dir, wenn du einen Film anschaust?

____

Unterschrift Partnerkind

5 Was sind die Unterschiede zwischen Lesen, Hören und Filmschauen? Schreibe in dein Heft.

Über die mediale Erfahrung mit Kinderbuchfiguren nachdenken
Über die Wirkungsweise verschiedener Medien sprechen und schreiben

Texte vortragen und spielen

Datum: ____________

Komm, wir spielen den anderen etwas vor.

Die Abenteuer des Tom Sawyer
von Mark Twain

Tante Polly: „Tom!“
Erzähler: Keine Antwort.
Tante Polly: „Tom!“
Erzähler: Tiefes Schweigen.
Tante Polly: „Möchte nur wissen, wo der Bengel wieder steckt! To-om!“ [gekürzt]

Tante Polly sucht Tom.

1 Suche dir ein Partnerkind.
Was muss man beachten, wenn man anderen etwas vorträgt?
Sprecht darüber.

2 Lest den Text. Entscheidet, wer den roten Text und wer den blauen Text liest.
Übt den Text vorzutragen.

Wenn du anderen etwas vorträgst, helfen dir diese Tipps:
- Übe deinen Vortrag mehrmals.
- Sprich laut und deutlich.
- Verändere deine Stimme so, dass sie zum Text passt.
- Stelle dich so hin, dass deine Zuhörer dich gut sehen können.

3 Was war gut an eurem Vortrag?
Was könntet ihr verbessern?
Sprecht darüber.

____
Unterschrift Partnerkind

Erklärvideo *Einen Text vorlesen*, siehe Handreichung, Kap. 1.1.4

Tipps für einen guten Vortrag kennenlernen
Einen Dialog ausdrucksstark und unter Beachtung der Tipps vortragen
Einen Vortrag reflektieren

Datum: ______________

1 Lies das Gedicht.

Ein Frosch ist keine Nachtigall

von James Krüss

Ein Frosch ist keine Nachtigall.
Drum kann er auch nicht singen.
Und doch will er uns überall
sein Lied zum Ständchen bringen.

Er quakt vom frühen Morgen an.
Er quakt ganz herzbewegend.
Er quakt, weil er nicht singen kann.
Und hüpft so durch die Gegend.

2 Übe das Gedicht, bis du es sicher vorlesen kannst.
Sprich das Gedicht so, dass deine Stimme zum Text passt.

3 Suche dir ein Partnerkind. Schaut euch die Bilder oben an.
Malt zum Gedicht einen Gegenstand auf ein großes Blatt Papier.
Schneidet ihn aus.

4 Tragt das Gedicht anderen Kindern vor.
Zeigt dabei, was ihr gemalt habt.

____
Unterschrift Partnerkind

Datum: ____________________

1 Suche dir ein Partnerkind.

____
Unterschrift Partnerkind

2 Lest den Text.

Sibel: „Hallo Andy. Na, wie geht's?
Die Sportstunde war ja total anstrengend!
Und jetzt auch noch Regen!“

Andy: „Hmmm.“

Sibel: „Du starrst so auf dein Handy!
Was ist los?“

Andy: „Nichts! Gar nichts ist los.“

Sibel: „Du siehst aber aus, als hättest
du irgendwas.“

Andy: „Ich bin einfach echt genervt.“

Sibel: „Komm, sag schon, was ist denn passiert?“

Andy: „Mann, Sibel, jetzt lass mich in Ruhe!“

3 Was möchte Sibel von Andy wissen? Sprecht darüber und schreibt.

____

____

____

____

Erklärvideo *Einen Text mit verteilten Rollen lesen*, siehe Handreichung, Kap. 1.1.4

Einen dialogischen Text lesen
Eine Frage zum Inhalt besprechen und schriftlich beantworten

... mit verteilten Rollen vorlesen

Datum: ______________

4 Warum ist Andy so genervt?
Was könnte passiert sein?
Sprecht darüber.

5 Verteilt die Rollen. Ein Kind liest Sibels Text.
Das andere Kind liest Andys Text. Schreibt, wer welche Rolle liest.

Sibel: ______________ Andy: ______________

6 Lest den Text mit verteilten Rollen mehrmals.
Achtet beim Lesen auf eure Stimmen.
Lobt und gebt Tipps.

7 Was war gut an euren Vorträgen?
Denkt an die Tipps. Schreibt.

____

____

____

____

8 Lest die Geschichte gemeinsam eurer Klasse vor.

____
Unterschrift Lehrkraft

Ein Gedicht stimmungsvoll vortragen

Datum: ______________

1 Lies das Gedicht.

Das Feuer

von James Krüss

Hörst du, wie die Flammen flüstern,
knicken, knacken, krachen, knistern?
Wie das Feuer rauscht und saust,
brodelt, brutzelt, brennt und braust?

Fühlst du, wie die Flammen schwärmen,
Glut aushauchen, wohlig wärmen?
Wie das Feuer flackrig-wild,
dich in warme Wellen hüllt? [gekürzt]

2 Lies das Gedicht ganz unterschiedlich:
leise, laut, ängstlich, beruhigend.

3 Entscheide, wie du das Gedicht vorlesen möchtest.
Übe das Gedicht dann mehrmals.

4 Suche dir ein Partnerkind.
Trage das Gedicht deinem Partnerkind vor.
Achte auf deine Stimme.

____
Unterschrift Partnerkind

Ein stimmungsvolles Gedicht lesen
Ein Gedicht unterschiedlich betont lesen
Ein Gedicht stimmungsvoll vortragen

Ein Gedicht inszenieren und vortragen

Datum: ____________________

1 Lies das Gedicht mehrmals halblaut.

Große Pause

von Siggi Gsell

Pausenzeichen
Buch zuklappen
Tür auf raus
und Jacke schnappen

weinen lachen
Streit vergessen
Sachen tauschen
Kräfte messen

Pausenzeichen
rennen flitzen
rein ins Zimmer
stille sitzen [gekürzt]

2 Suche dir ein Partnerkind.

a) Übt die 3 Strophen, bis ihr sie zusammen sprechen könnt.
b) Überlegt euch zu jeder Strophe eine Bewegung.
c) Übt die 3 Strophen mit Bewegungen.
d) Tragt das Gedicht mit den Bewegungen eurer Klasse vor.

____________________ ____________________

Unterschrift Partnerkind | Unterschrift Lehrkraft

Ein Gedicht lesen
Ein Gedicht durch Bewegungen inszenieren und für einen Vortrag üben
Ein Gedicht szenisch vortragen

Ideen zum Einsatz des Tablets, siehe Handreichung, Kap. 1.3

Bücher lesen und vorstellen

Datum: ____________

1 Wo liest du gern? Schreibe.

____

____

2 Was liest du am liebsten? Kreuze an.

☐ Sachbücher	☐ Kinderbücher	☐ Geschichten
☐ Zeitschriften	☐ Comics	☐ Gedichte

3 Lies und schreibe.

a) Welches Buch gefällt dir gut?

____

b) Welche Person oder welches Tier in diesem Buch wärst du gern?

____

____

Ideen zum Einsatz des Tablets, siehe Handreichung, Kap. 1.3

Über Leseorte nachdenken
Über Prioritäten bei der Auswahl von Textsorten nachdenken
Über Lieblingsbücher/-figuren nachdenken

Einen Autor kennenlernen

Datum: ______________

1 Hier findest du Informationen zum Autor Erhard Dietl.
Lies alle Textteile und verbinde, was zusammengehört.

Erhard Dietl arbeitet als Autor und Illustrator. Er hat ungefähr 150 Kinderbücher geschrieben. Am bekanntesten sind seine Bücher über die Olchis.

Die Olchis leben auf einer Müllkippe. Sie mögen es, wenn man mieft, muffelt und wenn man furzt.

Informationen zum Autor

Foto des Autors

Bild zum Buch

Kinderbuch-figuren

2 Erzähle einem Partnerkind, was du über Erhard Dietl gelernt hast.

____
Unterschrift Partnerkind

Informationen zu einem Autor lesen
Informationen sortieren
Einem Partner über das Gelesene berichten

Datum: ______________

1 Lies, was auf den Rückseiten der Bücher steht. Verbinde den Text mit dem passenden Buch.

Der berühmte Privatdetektiv ermittelt diesmal in einem Detektivmuseum. Das wertvollste Ausstellungsstück ist verschwunden: die Pfeife von Sherlock Holmes. Und da als Lohn ein eigener Schaukasten im Museum winkt, macht Kwiatkowski sich auch gleich ans Werk. [gekürzt] ☐

An Florentine Blix' Schule wird eine Segel-AG angeboten. Bo ist begeistert und selbst Maja will teilnehmen – doch Florentine hat vor allem eins: keine Lust. Und sie hat auch keine Zeit. Denn am Strand wurde eine Flaschenpost angespült. Ein neuer mysteriöser Fall? Es scheint um einen Raub zu gehen, einen Schatz auf einer Schatzinsel. [gekürzt und verändert] ☐

Ihr erster Fall führt Justus, Peter und Bob in den Privatzoo des alten Larson. Dort gehen merkwürdige Dinge vor sich, die den drei ??? keine Ruhe lassen: Erst stürzt sich der Nasenaffe plötzlich auf Bob und dann verschwindet auch noch der sprechende Beo aus seinem verschlossenen Käfig. [gekürzt und verändert] ☐

2 Welches dieser Bücher würdest du am liebsten lesen? Kreuze oben an.

Ein Buch vorstellen

Datum: ____________

1 Wähle ein Buch aus, das du gern gelesen hast. Schreibe.

Titel des Buches: ____________

Autor/Autorin: ____________

2 Welche Personen oder Tiere kommen im Buch vor?
An welchen Orten spielt dein Buch? Schreibe.

Personen oder Tiere:	Orte:

3 Wovon handelt dein Buch? Schreibe.

____

____

____

____

4 Was gefällt dir besonders gut an dem Buch? Schreibe.

____

____

5 Stelle das Buch deiner Klasse vor.
Nutze, was du auf dieser Seite gesammelt hast.

____
Unterschrift Lehrkraft

Zuhörstrategien nutzen und miteinander sprechen

Datum: ______________

1 Suche dir ein Partnerkind für die Aufgaben 2–5.

____
Unterschrift Partnerkind

2 Sprecht über diese Fragen:

a) Was macht für euch das Zuhören schwierig?

b) Was hilft euch beim Zuhören?

3 Lest die Überschrift der Geschichte von Aufgabe 4.
Worum könnte es in der Geschichte gehen?
Sprecht über das, was euch dazu einfällt.

Datum: ____________

4

Lasst euch die Geschichte vorlesen.
Macht euch beim Zuhören im Kopf Bilder von dem,
was passiert.

Die Geschichte vom Huhn und dem Auto
von Ursula Wölfel

Einmal waren drei Hühner auf der Straße, die haben da so herumgescharrt und gepickt und gegackelt und an gar nichts gedacht. Da ist ein Auto gekommen. Das eine Huhn ist zum Straßengraben gerannt und das andere ist über den Zaun geflattert.
Das dritte Huhn hat nicht gewusst, was es tun sollte. Erst ist es ein Stück am Zaun hochgeflattert, dann ist es quer über die Straße zum Graben gerannt. Da hat der Mann im Auto gehupt und das Huhn ist erschrocken und hat sich umgedreht und ist wieder zum Zaun gerannt und wieder zum Graben und wieder zum Zaun, immer hin und her. Der Mann im Auto hat gehupt und gehupt. Da ist das Huhn vor Angst mitten auf der Straße weitergerannt, immer geradeaus und das Auto ist hinter ihm hergefahren und der Mann hat gehupt und gehupt, immer lauter. Da hat sich das Huhn umgedreht und ist dem Auto entgegengelaufen. Aber wie es das gemerkt hat, ist es so erschrocken, dass es sich hinsetzen musste. Es hat den Kopf eingezogen und die Augen zugemacht. Der Mann hat das Auto angehalten und das Huhn ist aufgestanden und ganz gemütlich in den Hof zu den anderen Hühnern spaziert. Es hat den Kopf gereckt und große, stolze Schritte gemacht. „Gook! Gook!", hat es gerufen. Das sollte heißen: „… [gekürzt]

5

Sprecht über die Geschichte. Hört euch zu.

a) Welche Fragen habt ihr?

a) Welche Bilder sind beim Zuhören in euren Köpfen entstanden?

b) Was meint das Huhn am Ende der Geschichte mit „Gook! Gook!"?

6

Lass dir die Geschichte noch ein zweites Mal vorlesen.
Achte dabei besonders auf die Wege der Hühner.
Zeichne den Weg der Hühner in das Bild ein.

Ideen zum Einsatz des Tablets, siehe Handreichung, Kap. 1.3

Einen Streit klären

Datum: ______________

1 Suche dir ein Partnerkind für diese Doppelseite.

____
Unterschrift Partnerkind

2 Sprecht über diese Fragen:

a) An welches Erlebnis denkt ihr, wenn ihr das Wort „Streit“ hört?

b) Wie habt ihr den Streit geklärt?

3 Lest den Text.

Paul ruft: „Die hat mir meinen Anspitzer geklaut!“ – Lulu antwortet: „Aber der hat vorher meinen Füller runtergeschmissen!“
So kann ein richtiger Streit beginnen.
Es ist normal, dass Menschen sich manchmal streiten.
Wie können wir einen Streit so klären, dass alle damit gut leben können und damit zufrieden sind?

4 Spielt den Streit von Paul und Lulu nach.
Spielt auch, wie er angefangen hat und wie er weitergeht.

5 Sprecht über euer Rollenspiel.
Was ist passiert? Warum ist es passiert?
Wie habt ihr euch dabei gefühlt?

Einen Streit klären

Diese Regeln helfen, einen Streit zu klären:

- Ich lasse das andere Kind ausreden.
- Ich höre zu.
- Ich spreche höflich.
- Wir sprechen miteinander, nicht übereinander.

6 Sprecht darüber, wie Paul und Lulu ihren Streit klären können und was dabei hilft.
Schreibt 2 Ideen auf.

____

____

____

____

7 Lest die Sätze in der Tabelle.
Was hilft, wenn Paul und Lulu ihren Streit klären wollen?
Was hilft nicht? Kreuzt in der Tabelle an.

Lulu ruft: „Das hast du mit Absicht gemacht!“		
Beide Kinder reden gleichzeitig.		
Paul sagt: „Du kaufst mir sofort einen neuen Anspitzer.“		
Lulu fragt: „Warum hast du meinen Füller runtergeschmissen?“		
Lulu sagt: „Das verstehe ich nicht. Erkläre es mir bitte.“		
Paul fragt: „Wollen wir uns wieder vertragen?“		
Lulu dreht sich um und geht einfach weg.		
Lulu wartet, bis Paul ausgeredet hat.		
Paul ruft: „Du bist immer so gemein!“		
Paul sagt: „Das tut mir leid.“		

8 Begründet, warum ihr so angekreuzt habt.

Ideen zum Einsatz des Tablets, siehe Handreichung, Kap. 1.3

Einen langen Text ...

Datum: ____________

1 Suche dir ein Partnerkind. Lest den Text gemeinsam.
Du liest die grau unterlegten Teile. Dein Partnerkind liest den Rest.

Pippilothek???

Eine Bibliothek wirkt Wunder

von Lorenz Pauli und Kathrin Schärer

Die Maus genießt die Abendstille.
Doch plötzlich riecht es nach Fuchs.
Die Maus verschwindet durch ein Kellerfenster.
„Na warte!“, knurrt der Fuchs
und zwängt sich ihr nach.
Da! Die Maus flitzt um ein Regal.
Plötzlich bleibt die Maus stehen:
„Psst! Wir sind an einem besonderen Ort.“
Das ist eine Bibliothek.“
„Eine Pippi... was?“, fragt der Fuchs.
„Eine Bibliothek“, sagt die Maus,
„ein Ort mit vielen Büchern zum Ausleihen.“
Die Maus holt ein Bilderbuch und bringt es dem Fuchs.
Die Bilder zeigen einen alten Mann und eine Katze.
Die beiden haben Hühner.
Eine Weile ist es ganz still in der Bibliothek.

Erklärvideo *Texte besser verstehen*, siehe Handreichung, Kap. 1.1.4

Dann klappt der Fuchs das Buch zu. „Hüüüühner!“, seufzt er. Die Maus ist erleichtert, als der Fuchs sich davonmacht. In der nächsten Nacht kommt der Fuchs wieder. Er sagt: „Ich will das Buch von gestern mitnehmen. Und dich, Maus, auch. Damit du mir die Geschichte immer wieder vorlesen kannst. Ich ... ich kann nämlich nicht lesen.“ Die Maus schüttelt den Kopf. „Keine Zeit. Aber da drüben sind die CDs. Vielleicht findest du das Hörspiel zum Buch. Du kannst das Buch und die CD ausleihen. Du brauchst jetzt eine Ausleihkarte und ...“ Aber Buch, CD und Fuchs sind schon weg.

Drei Nächte später kommt der Fuchs wieder. Er hat ein Huhn dabei. „So etwas Dummes!“, sagt der Fuchs. „Ich hatte das Huhn schon zwischen den Zähnen. Da fragt es mich, ob ich denn nicht wisse, dass Hühnerknochen gefährlich sind für meinen Magen. Stimmt das?“ „Schau in einem Lexikon nach“, sagt die Maus.

Datum: ____________________

Das Huhn liest dem Fuchs aus dem Tierlexikon vor. Irgendwann schläft der Fuchs ein. Und irgendwann schläft auch das Huhn ein. Die Sonne geht auf. Die Menschen kommen in die Bibliothek. Die Maus weckt das Huhn. Das Huhn weckt den Fuchs. Da sieht das Huhn seinen Bauern. Es zwinkert dem Fuchs zu und flüstert: „Wenn ich jetzt gackere, dann hast du ausgefuchst.“ Der Fuchs zittert.

Dann kneift er die Augen zusammen und sagt: „Schau, was dein Bauer ausleihen will: 1 Huhn – 1000 Rezepte!“ Jetzt zittert das Huhn. „Weißt du was?“, sagt der Fuchs. „Ich grabe euch einen Fluchtweg aus dem Hühnerhof, und du bringst mir dafür das Lesen bei.“ [gekürzt und verändert]

2 Wo sind die Maus, der Fuchs und das Huhn? Schreibt.

____

3 Wird der Plan des Fuchses gelingen? Sprecht darüber, wie die Geschichte weitergehen könnte.

____
Unterschrift Partnerkind

Ideen zum Einsatz des Tablets, siehe Handreichung, Kap. 1.3

Eine lange Geschichte im Tandem lesen
Eine Frage zum Text beantworten
Ideen zum Fortgang der Geschichte entwickeln

Das kann ich jetzt

Datum: ____________

In diesem Heft habe ich diese Geschichten gelesen:

- ☐ **Der goldene Schlüssel** (Seite 19)
- ☐ **Pippilothek???** (Seite 56–58)

In diesem Heft habe ich diese Sachtexte gelesen:

- ☐ **Haie** (Seite 24/25)
- ☐ **Papier** (Seite 32)

In diesem Heft habe ich diese Gedichte gelesen:

- ☐ **Der Wanderer** (Seite 26)
- ☐ **Ein Frosch ist keine Nachtigall** (Seite 43)

Diesen Text mochte ich am liebsten:

____

Ich kann zu meinem Lieblingstext etwas schreiben oder malen:

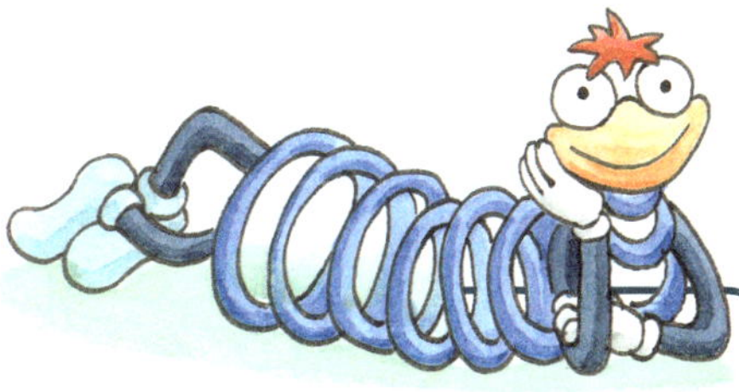

Das kann ich jetzt

Datum: ____________

Das kann ich tun, wenn ich beim Lesen etwas nicht verstehe:

Ich kenne diese Autorinnen oder Autoren:

Ich kenne diese Kinderbuchfiguren:

Das ist mein Lieblingsbuch:

Ich kann zu meinem Lieblingsbuch
etwas schreiben oder malen: